KID'S WORD SEARCH

GREAT THEMED PUZZLES FOR AGES 10-13

By

Jenny Patterson & The Puzzler

Copyright
Old Town Publishing
2021

All Rights Reserved, including the right to reproduce this book or any part thereof.

Copyright © 2021

TABLE OF CONTENTS

At the Dog Show

Words Containing "sc"

Sea Creatures

Languages Across the Globe

Rhymes with "Fluff"

In the Past Tense

Mythological Gods

Words Containing "gh"

Our Feathered Friends

Verbs

Adjectives

Words Containing "ow"

Adverbs

Words Containing "sh"

Prepositions

Proper Nouns

Mammals

Weights and Measures

Cat Breeds

Countries

Some Smaller Countries

A Capital Idea (Some Country Capitals Around the World)

4th Grade Vocabulary

5th Grade Vocabulary

6th Grade Vocabulary

7th Grade Vocabulary

8TH Grade Vocabulary

Popular Cat Names

Popular Dog Names

Early Presidents

Ends in "Y"

Five-letter Words

Classical Composers

Famous Dogs from Books, Movies and TV

Famous Cats from Books, Movies and TV

Some Girl's Names

Jewels and Gems

The Weather Report

In a Flower Garden

The Brightest Stars in the Sky

Horsing Around (Breeds)

Found in the Rainforest

Six-Letter Words

Seasonings

Some Known Planets

All Plurals

More Verbs

More Adjectives

More Adverbs

More Nouns

Some Boy's Names

Words with a "C" that sounds Like "S"

Contains a Double "I"

Down the River

Name That Lake

Using Your Senses (loud, soft, rough, smooth, prickly)

Fun and Games

Four-Letter Words

Body Language (About the Body)

Our Beautiful Planet

Vocabulary Challenge

4th Grade Vocabulary Challenge

5th Grade Vocabulary Challenge

6th Grade Vocabulary Challenge

7th Grade Vocabulary Challenge

8TH Grade Vocabulary Challenge

Advanced Vocabulary Challenges

Jenny's Challenge

Puzzler's Challenge

Impossible Word Search?

INTRODUCTION

Thank you for purchasing this word search puzzle book. Word puzzles offer hours of entertainment, improve vocabulary and spelling, and help create a lifelong love of words.

The words listed at the bottom of the page are hidden in the grid above. You will find them in unbroken lines – backwards or forwards, vertically, horizontally or on the diagonal. Words can overlap and share letters.

Highlight, cross out, or circle each word you find and cross it off on the list below.

We've especially made our puzzles in large type to make them easier on the eyes of both the young and the young at heart.

The solution to each puzzle is at the back of this book, but before looking at the answer, ask a family member or friend for help.

The definitions of some of these words may not be fully known by the kids doing the puzzles. Make sure you give them the definitions. By doing so, you make these puzzles into an even more powerful learning tool.

Happy solving...

Best,

Jenny Patterson & The Puzzler

At the Dog Show

D	A	L	M	A	T	I	A	N	D	H	G
R	E	T	R	I	E	V	E	R	S	H	J
S	H	E	P	H	E	R	D	P	P	H	B
D	O	B	E	R	M	A	N	N	A	A	C
A	O	G	R	E	Y	H	O	U	N	D	O
C	O	L	L	I	E	L	G	B	I	M	C
H	I	Q	C	H	L	O	H	E	E	M	K
S	Z	Y	Z	I	D	B	D	A	L	Q	E
H	Z	K	P	L	Q	J	K	G	Q	Y	R
U	M	A	L	T	E	S	E	L	R	N	Z
N	P	U	T	E	R	R	I	E	R	K	A
D	B	O	C	H	I	H	U	A	H	U	A

Beagle   **Dachshund**   **Papillon**

Bulldog   **Dalmatian**   **Retriever**

Chihuahua   **Doberman**   **Shepherd**

Cocker   **Greyhound**   **Spaniel**

Collie   **Maltese**   **Terrier**

Words Containing "sc"

```
O H S C A L E E L L V F
A P P L O Y P X H L J R
S C O W L S C R E A M W
F C S C I S S O R S R V
Z E E A A J S C A R E D
W S S N J O X C F N L R
S Z C C T P I W O O E E
C C J O H Q P C C P J I
R K E R O O S S M N C O
E K Z N O T O A H L A H
E C L C E Q C L D F N R
N F S I H S C R I B E T
```

Scale	School	Scoot
Scamper	Scissors	Scowl
Scare	Scold	Scream
Scene	Scone	Screen
Scent	Scoop	Scribe

Sea Creatures

```
O G H U L X Z Y K U J W
T R U M P E T F I S H H
D B T D X O T Q L A C A
O G H T J S Z Q K L L L
L O L U K E R N E M O E
P C U N G E O L E O W Y
H O Z A P E T K L N N Q
I D I U G R A X I A F H
N O O R U N M A R L I N
S R U T S E V U H P S B
G T V W O L F F I S H G
S C R O C O D I L E N J
```

Clownfish   **Grouper**   **Trumpetfish**

Cod   **Marlin**   **Tuna**

Crocodile   **Salmon**   **Turtle**

Dolphin   **Snake**   **Whale**

Eel   **Sturgeon**   **Wolffish**

Languages Across the Globe

```
P O R T U G U E S E N F
A R Z K U V G I K A T U
R U B Q L O R Z I M G R
A S W E L O B S H A K D
B S I A Q N E C Z N O U
I I G E A N N J X D R V
C A H M O E G O D A E R
T N R D R W A S V R A H
A E N F X N L M X I N I
G I E N G L I S H N D N
J A P A N E S E Q Y L D
S S P A N I S H N D G I
```

Arabic	**Hindi**	**Portuguese**
Bengali	**Indonesian**	**Russian**
English	**Japanese**	**Spanish**
French	**Korean**	**Tagalog**
German	**Mandarin**	**Urdu**

Rhymes with "Fluff"

D	R	W	F	C	B	P	I	P	I	B	I
R	F	F	U	V	U	X	W	Y	Y	W	K
B	U	H	R	Y	F	Z	X	F	S	O	E
C	Z	U	N	L	F	Z	F	B	C	F	R
R	X	F	B	L	U	F	F	P	U	R	I
O	O	F	C	H	U	F	F	G	F	E	Y
K	H	U	F	M	A	J	N	R	F	B	E
T	N	W	G	P	E	O	R	U	R	U	N
P	O	X	E	H	R	R	Z	F	X	F	O
L	U	U	H	E	Y	M	U	F	F	F	U
W	Y	F	G	S	T	U	F	F	H	I	G
P	V	P	F	H	C	M	I	Q	R	P	H

Bluff   **Gruff**   **Rough**

Buff   **Huff**   **Scuff**

Chuff   **Muff**   **Stuff**

Cuff   **Puff**   **Tough**

Enough   **Rebuff**

In the Past Tense

```
B Y J B A K E D C M E X
O Z J I T M E A R T C V
U P V G Q L A C O R A X
G N Y W I D J R A Z U X
H L M M E F W B C I G U
T Y S Y X K R L R P H Q
H V A H A W B I I P T H
B L W Q R L A P E E H B
P W O R R I E D D D W Z
S H O P P E D M W E N T
C A R R I E D U X U R X
D R A N K H O P P E D F
```

Baked	Drank	Smiled
Bought	Fried	Went
Carried	Hopped	Worried
Caught	Played	Wrote
Cried	Shopped	Zipped

Mythological Gods

```
P A R T E M I S M E U L
O Y D Z P G M A E A R H
S Y B A W L X X M A R S
E P E R S E U S H Y F O
I L P J D C F T C S L V
D I A N A K W T O L T O
O H E R M E S M O V F N
N I N V E I A P X U R I
O G A P P S A H M L Z H
D I O N Y S U S Z C E E
P S V E N U S E N A U R
E C A T H E N A J N S A
```

Apollo	**Dionysus**	**Pluto**
Ares	**Hera**	**Poseidon**
Artemis	**Hermes**	**Venus**
Athena	**Mars**	**Vulcan**
Diana	**Perseus**	**Zeus**

Words Containing "gh"

```
X S T D Q H K W Q W B G
U F K A G S U H A L D F
E N O U G H G N C Z P I
T J O G H I O I A U O G
O C L H H A H G U J M H
U A A T Q B E H G E N T
G I U E C A S T H I A Y
H T G R H E L W T G U S
L M H P J E E Z B H G I
W V A D W W I P G T H G
W R O M L T G M N F T H
G N B H I G H P B S Y Y
```

Caught	Fight	Night
Cough	Graph	Sigh
Daughter	High	Sleigh
Eight	Laugh	Thigh
Enough	Naughty	Tough

Our Feathered Friends

```
P A R A K E E T G R E C
O M D H E R O N E X L P
R Y X Y E K J N K A Z I
I H N M V R N T N D X G
O W N O T U K I C O O E
L A R K R C D H C V F O
E G N D O R H I B E N N
H A A C A A P A R R O T
N O A C L X M D O I C C
R E N B L A C K B I R D
P E L I C A N G I Y O G
L W H R A V E N N S W E
```

Blackbird	**Lark**	**Pelican**
Cardinal	**Oriole**	**Pigeon**
Crow	**Parakeet**	**Raven**
Dove	**Parrot**	**Roadrunner**
Heron	**Peacock**	**Robin**

Verbs

Awake	Build	Plough
Become	Burn	Promise
Beg	Forget	Reach
Behave	Lose	Remember
Break	Plant	Say

Adjectives

```
J I N B A N G R Y N V I
S R E R S W I A I T U U
A P W A A W N H N Y E K
P Y G I G W T E P V O O
R Z R N R Z L P I C N R
E A J Y E B A T P H U A
T N G W A H C C L E A N
T N P R T A E Y C E P G
Y F O R R Z L M K R X E
P D E T Y L Y I W F C Q
A L T K I B A W F U L L
A A H S L A R G E L V R
```

Adorable	Brainy	Large
Alert	Cheerful	Orange
Angry	Clean	Pretty
Attractive	Great	Silly
Awful	Happy	Thin

Words Containing "ow"

```
V S H M S S N S G T S H
F U F Z U T N C B P H K
T R A S C Z O O T O O J
O Y O U Y N D W W W A S
W V T W N P H S O E N H
E P V N E U F W M R M O
R L W S I R M A N B O W
M O X W Q Y K C L O W N
T W O F B P Q G B Z E Z
Q L R L J Z E H Z O R K
B H D O W N L O A D X W
B L W W T U A L V V M O
```

Blow	Plow	Snow
Download	Power	Stow
Flow	Rower	Tower
Mower	Scow	Town
Own	Show	Wow

Adverbs

```
F O R T U N A T E L Y M
I I J I F K M T G I B N
N E K E A G E R L Y C L
N L I B I H R H E A H X
O E N R T O R A E Y E P
C G D I H N I P F Y E B
E A L G F E L P U H R O
N N Y H U S Y I L Y F L
T T Y T L T Q L L U U D
L L I L L L Y Y Y B L L
Y Y E Y Y Y Y J U S T L Y
G R A C E F U L L Y Y Y
```

Boldly   **Faithfully**   **Honestly**

Brightly   **Fortunately**   **Innocently**

Cheerfully   **Gleefully**   **Justly**

Eagerly   **Gracefully**   **Kindly**

Elegantly   **Happily**   **Merrily**

Words Containing "sh"

```
F J V I V P C Z X C Y E
R W A S H S M D K A O H
L A C M C S H U Y H D Q
X N S E A M P I S T T Q
S U Q H S M O C P R Z K
H X F Z H T H D I S H K
A H S H A R E H S B Y B
R X D R R F S S H R G U
K S H E L L G J I U D S
F A Q Y E R R S N S I H
T S U V X K C F E H H R
P U S H F I S H Y W T F
```

Brush	**Push**	**Shine**
Bush	**Rash**	**Ship**
Cash	**Share**	**Shirt**
Dish	**Shark**	**Shoe**
Fishy	**Shell**	**Wash**

Prepositions

```
P A C R O S S E D A P G
F B V X A B V R S B Y Y
I N J J F O U Q D E B B
H C I V B D G P X L L B
K B K A R K Y T S O I E
A H E A D O F B K W X T
A M O N G A L O N G X W
C B A R O U N D P E M E
A G A I N S T D N L S E
I N S I D E Y S E W K N
O A A F T E R A B O U T
H G B G M R B T F R O M
```

Aboard	Against	Below
About	Ahead of	Between
Above	Along	From
Across	Among	Inside
After	Around	Next

Proper Nouns

```
A M A Z O N G I C I J I
A M S I K U E V H W C W
F E Y I N R R W R J P I
L R S J M Z M Z I T J M
S C E J R O A L S W U B
A E G N A Z N X T I K L
T D F A C Y Y F M T A E
U E V G A H J R A T N D
R S F D I T J A S E S O
N T N L O N D O N R A N
G O O G L E Y M G E S A
M S E P T E M B E R T D
```

Amazon	**Janet**	**Saturn**
Christmas	**Kansas**	**September**
French	**London**	**Simon**
Germany	**Mercedes**	**Twitter**
Google	**Monday**	**Wimbledon**

Mammals

```
A C J X E R C L L U J C
A A C L A L O H E E P A
R R I E R P Y I O E E R
D A B H H Q O Z P L I I
V C J T I Y T J A E C B
A A W G N U E H R P A O
R L T F O R W V D H M U
K C H E E T A H M A E C
G L L V G K X Q F N L H
D T A T S O A X L T Q A
E E J B F T T B I S O N
B O B C A T G S Y O I E
```

Aardvark	Camel	Elephant
Bear	Caracal	Fox
Beaver	Caribou	Leopard
Bison	Cheetah	Rhino
Bobcat	Coyote	Whale

Weights and Measures

```
A C R E I N C H E S U B
N K D D T H M I N U T E
E P O U N D K T O T C P
T Y C G J M E Y S S E N
H F V S V V L V K E N X
R V Y X X B V D I C T O
F M N P V L I V L O I L
M E T E R P N T O N M H
B U J T H L L Y G D E F
X Q P O U O Q V R C T E
O J N N V L U A A K E E
O U N C E R J R M L R T
```

Acre	**Inches**	**Ounce**
Centimeter	**Kelvin**	**Pound**
Feet	**Kilogram**	**Second**
Gram	**Meter**	**Ton**
Hour	**Minute**	**Volt**

Cat Breeds

```
B B P R E N C H D O G B
P U E E L V I I K D G O
A A R N R B T M O U K B
R S B M G S I A R E O T
A H I Y E A I L A A Q A
G O P B S S L A T B M I
D R Y T E S E Y N B A L
O T P Y H R I A Z O N G
L H T W K I N P M X N
L A N G O R A A I B H A
S I A M E S E Q N A E I
G R L S P H Y N X Y N R
```

Abyssinian	Burmese	Ragdoll
Angora	Himalayan	Shorthair
Bengal	Korat	Siamese
Bobtail	Manx	Siberian
Bombay	Persian	Sphynx

Countries

```
A U S T R A L I A G Q F
A G X A N E I L J Z F R
R E L J B Q N I D F O A
G R B C Z Y D C N C X N
E M C Q J G O G I D C C
N A O A B U N X V F I E
T N L L P C E C T I W A
I Y U A E M S C H I N A
N D M B R J I C H I L E
A Z B G U C A N A D A P
U N I T E D S T A T E S
B R A Z I L R U S S I A
```

Argentina	**China**	**Indonesia**
Australia	**Columbia**	**Mexico**
Brazil	**France**	**Peru**
Canada	**Germany**	**Russia**
Chile	**India**	**United States**

Some Smaller Countries

```
P D B T P N A U R U L G
Q A O D U C A I N A U R
A T L M J V J I U M X E
B V B A I S A S U O E N
U A U R U N E L Q N M A
Q E H R U V I N U A B D
E S P R I N V C Y C O A
H Y S D A T E A A O U U
C P L B R I A I F I R B
G A N X P X N L C I G Y
M A L T A M D K Y A J A
B A R B A D O S V U Q I
```

Bahrain	**Fiji**	**Malta**
Barbados	**Grenada**	**Monaco**
Brunei	**Italy**	**Nauru**
Cyprus	**Luxembourg**	**Palau**
Dominica	**Maldives**	**Tuvalu**

A Capital Idea (Some Country Capitals)

```
X O R B E I J I N G R A
A K Q E A Y S R Q R T A
E X H R L M H R O O L A
F T P L O U O R G I T E
M L W I N P L O N R S O
A V Q N D U B A A Z H U
D G M Q O G M K C X A H
R P O E N C A D A U N T
I A S L Q J V H I R G O
D R C U V P Z A R O H K
M I O I D M C K O M A Y
J S W O L Q V A N E I O
```

Beijing   **Jakarta**   **Paris**

Berlin   **London**   **Rome**

Bogota   **Madrid**   **Seoul**

Cairo   **Manila**   **Shanghai**

Dhaka   **Moscow**   **Tokyo**

4th Grade Vocabulary

W	A	M	O	L	S	R	E	C	E	N	T
O	Y	I	V	V	F	H	M	B	W	T	Y
A	R	I	A	J	T	R	A	O	D	T	H
T	X	C	N	N	N	A	L	B	E	P	E
T	U	R	H	B	D	L	S	I	B	C	W
E	M	D	K	A	A	N	R	S	I	Y	U
M	E	E	D	H	R	A	H	T	I	D	Y
P	A	S	S	U	V	D	C	U	M	S	K
T	D	I	A	X	S	A	N	K	D	A	T
R	O	R	U	L	R	K	J	U	B	I	L
Q	W	E	A	P	W	L	A	C	K	B	P
S	U	R	V	I	V	E	M	L	I	M	B

Assist	Limb	Shabby
Attempt	Meadow	Shallow
Desire	Orchard	Survive
Dusk	Practice	Tidy
Lack	Recent	Variety

5th Grade Vocabulary

```
F R I G I D U C W D Y Q
S Y N O N Y M D R V A O
C X L N R S R U E A V T
O A Q A P A S R R G V U
M T N E Z B U E O V O E
P V L Z A T H I Z U V C
L H I U A T E G W W T U
Y L J I I N D N U O J E
B B N L A I I N L S Y H
X I S U V T B A R O M A
M A G I T A L O N V T H
H L V C T J E Y S O A R
```

Absurd	Edible	Slither
Aroma	Frigid	Soar
Blizzard	Miniature	Synonym
Comply	Reign	Talon
Crave	Route	Vivid

6th Grade Vocabulary

```
F H O W D H N Q U E S T
R A R A G I S S M E J O
M B U U K D L C L Z B U
U I M H O S T I L E K S
G T D P I E T M G F G A
Y A H B M U X D V E R M
R T X R F W H T E O N C
V U A E E R I E I N W T
P W R J O V I A L N S Z
S A B A N D O N C B C E
T K B R L M I N U T E T
O P T I M I S T J P P S
```

Abandon	**Futile**	**Optimist**
Dense	**Habitat**	**Quest**
Diligent	**Hostile**	**Rural**
Eerie	**Jovial**	**Swarm**
Extinct	**Minute**	**Vow**

7th Grade Vocabulary

```
P E E V I S H Q E R U M
A I N C I D E N T A G I
M T R E P R I M A N D R
P T N P D U A W N T I T
E Y G F V Q U E N C H H
R G H T X J L I P H M L
P E R J U R Y D T P A N
B E L L O W A B P I M I
K Y V Y K R V K V F G R
Q E E J G K E I V L E A
X G R I M Y R L G A P T
R O B U S T T F X W E E
```

Avert   **Irate**   **Quench**

Bellow   **Mirth**   **Rant**

Flaw   **Pamper**   **Reprimand**

Grimy   **Peevish**   **Robust**

Incident   **Perjury**   **Trivial**

8TH Grade Vocabulary

```
F Z L G S S H J L Z E T
A J I R T O R B A L M Y
L F K N E E X E H E W V
L R E B T C B A N T E R
A X O R C R U C I A L R
C A A Z R C I R J L L P
Y B A G X E E C J L C T
T I R A D E T E A K T Y
F A S U C C U M B T H C
D E S I S T Q L U B E O
R I Y C L A R I F Y M O
R A N K L E U C A G E N
```

Balmy	**Desist**	**Recur**
Banter	**Fallacy**	**Succumb**
Barter	**Ferret**	**Theme**
Clarify	**Intricate**	**Tirade**
Crucial	**Rankle**	**Tycoon**

Popular Cat Names

```
M I D N I G H T N O R J
W E Y K S D D Q E E R J
S L D J I M P L V R R E
H Q U O M U B I E C F P
A H X N B D L P Y H F D
D X Z X A O P Z S A X U
O Y O A F E V N X R X D
W T V X P L E B E L L A
M I F R I T U S L I U F
I I K I T T Y F A E C S
E J L I A H Z H F L Y P
L U M O T Y Q X V Y T X
```

Bella   Lucy   Oliver

Charlie   Luna   Pepper

Fluffy   Midnight   Salt

Kitty   Milo   Shadow

Leo   Mittens   Simba

Popular Dog Names

```
M I L O R P B A Y W E U
M R B S D O D A I S Y A
V X U P M V S L L N E L
U P D G Y G N C M A X U
K S D T B Z M X O W K N
Q B Y S U E W K S E R A
L O A I C Z N R O C K Y
A N N I E O B T Z E U S
K E O G L N O E L S C X
T K X H S E S P L E B V
M S A D I E Y Y E L Y P
V M Z S S C O U T R A X
```

Annie	**Cooper**	**Rocky**
Bailey	**Daisy**	**Roscoe**
Bella	**Luna**	**Sadie**
Bentley	**Max**	**Scout**
Buddy	**Milo**	**Zeus**

Early Presidents

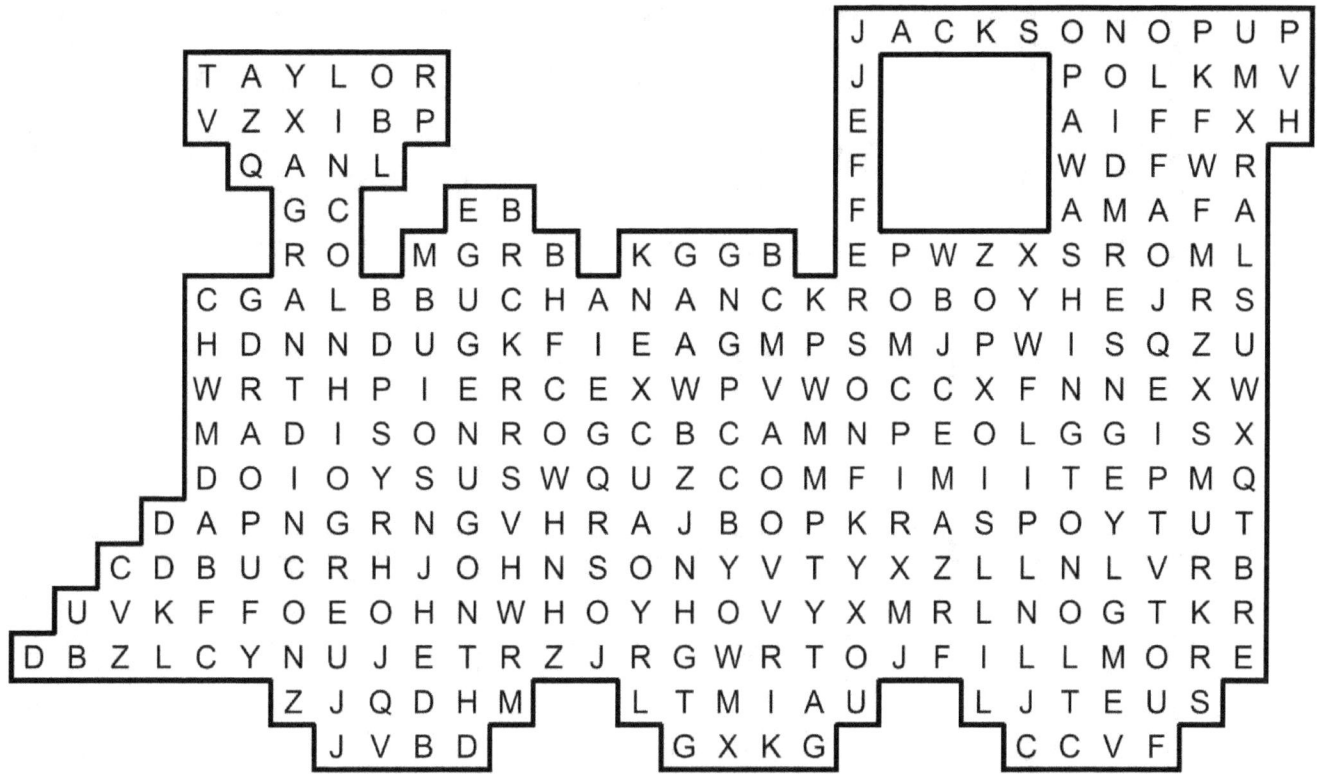

Adams

Buchanan

Fillmore

Grant

Jackson

Jefferson

Johnson

Lincoln

Madison

Monroe

Pierce

Polk

Taylor

Washington

Ends in "Y"

```
E S I M P U S H Y U O E
Z N T W E A R Y Q Y V J
D E V U T H R I F T Y C
Z B C Y R L E F L I V U
B I F E I D I D Y E Q Y
K M O L F R Y E A H N Z
B H S B Y N U Q I X R
R I T L T O H H T H S N
A Y L N H X I R O O W Y
G I U L N V D W K M V G
S O V L Y W Z H L E R Q
C H A P P Y G N S Y R A
```

Billy	**Homey**	**Silly**
Country	**Honey**	**Sturdy**
Daisy	**Iffy**	**Thrifty**
Envy	**Petrify**	**Tiny**
Happy	**Pushy**	**Weary**

Five-letter Words

```
F Y C B O U N K B C Q E
A D Q Y T I C B Z R V U
B R X L A U H L P O U J
P O E R K L A A N W B Q
W Z B N L L I N W D A Z
Q O A T A Q R D Q R I A
C O B L A N K B M N A M
C X V Q E B I V R W R D
G G J M K R L Q Y O N Q
B W I N D Y T E T E O R
S T B A S I C S L C A K
W H Y I R Z E B R A V X
```

Alert	Blend	Crowd
Arena	Brain	Storm
Basic	Brook	Table
Bland	Chair	Windy
Blank	Cobra	Zebra

Classical Composers

```
G V I V A L D I K G M G
P G K Y E Y D N B V N K
K K G D S C H U B E R T
G W N E I K U G V R J T
J A E N R C Q O E D X D
H A Y D N S H L B I R B
L I S Z T T H O E A G R
X F N S E A H W P U C A
I N Z E M R V N I I E H
R F B M O Z A R T N N M
C O P L A N D T I Q C S
G I W J V W A G N E R C
```

Bach	**Gershwin**	**Mozart**
Beethoven	**Handel**	**Schubert**
Brahms	**Haydn**	**Verdi**
Chopin	**Liszt**	**Vivaldi**
Copland	**Mahler**	**Wagner**

Famous Dogs from Books, Movies and TV

```
S Y S B O L I V A R P Q
Q N Z T F S B R U N O P
V R F P I Q C P L U T O
S V M L N N Z U U V A Y
X P Y T A N K Z D T K B
T K I G D D M Y I C T Y
E G F K Q J Y D O R F O
D I W K E P R R E O R P
O W A R O E R B O T F O
D D S O P X G G S H L N
I W N M Q O H A C R D G
E S F S D Y Q S S T T O
```

Astro	**Lady**	**Rocky**
Bolivar	**Odie**	**Scud**
Bruno	**Perdita**	**Snoopy**
Dogbert	**Pluto**	**Spike**
Goofy	**Pongo**	**Stinky**

Famous Cats from Books, Movies and TV

```
R A L P H O L I V E R O
A R B A U G P E T E R C
V I X V T U F T Y R G Q
F S M N M Z L M F L I A
H T R F V M I T T E N S
D O I G Z N S X M G G T
I T A L O N Z O M N E U
N L J M J Z T S X I R K
A E L E C T R A B N L Y
H G R O W L T I G E R O
C R O O K S H A N K S L
M R S N O R R I S X A G
```

Alonzo   **Ginger**   **Mrs Norris**

Aristotle   **Growltiger**   **Oliver**

Crookshanks   **Liszt**   **Peter**

Dinah   **Milo**   **Ralph**

Electra   **Mittens**   **Tufty**

Some Girl's Names

```
M W J A A C O T Q A E I
A T V E R B K L N P S S
D A F P E M I L Y Y T A
I D M V M C R G O S Y B
S D A K A N H D A E M E
O I X A D X S L L I K L
N S O Y E N Q I O I L L
G O L L L W A Q Z E L A
V N I E Y H H K O G M Y
G J V E N E X F K M Z S
K A I T L Y N E E R L G
T X A A M S O P H I A B
```

Abigail	Emma	Lily
Addison	Hailey	Madelyn
Ava	Isabella	Madison
Chloe	Kaitlyn	Olivia
Emily	Kaylee	Sophia

Jewels and Gems

```
Q G K Y O W B X S Q T T
N N B C N G Z L R G J Z
L U P U P D R E G X T B
R A E H K A B P I R I O
G Q R L E M E R A L D B
A Z I P A A Y U T M T W
R I D T U R Q U O I S E
N R O I M K L P N Z T Z
E C T D I A M O N D O O
T O U R M A L I N E P P
B N S A P P H I R E A A
A M E T H Y S T H N Z L
```

Amber	Opal	Sapphire
Amethyst	Pearls	Topaz
Diamond	Peridot	Tourmaline
Emerald	Quartz	Turquoise
Garnet	Ruby	Zircon

The Weather Report

```
T H U N D E R X Q X S T
O W M D F S K K G Y E V
R O B J T R U N E E Y Y
N N B V Q O I N L W G C
A K K C F T A S N G I L
D H C M H C Q V O Y R O
O V R G I L B F J G S U
Y P I R Z Y K F W F N D
Q L R W I N D Y R Y O Y
H U M I D P Z F L A W H
H A I L W A R M E R I S
C O O L E R D J W R R N
```

Cloudy   **Hurricane**   **Sunny**

Cooler   **Lighting**   **Thunder**

Foggy   **Rain**   **Tornado**

Hail   **Sleet**   **Warmer**

Humid   **Snow**   **Windy**

In a Flower Garden

```
C N J T F J L F I U J J
R M A G N O L I A M R I
O T S E K B S S Q J O Z
C V A P X I Y S N A S H
U I G P R A Q O A S E Y
S O U I I D I U Y M S B
N L A A R T F S Y I N E
U E R L A H O T A N P G
M T O N R L Q D F E O N
N A R C I S S U S P P N
Q A C A M E L L I A P I
C L I L Y P E O N Y Y A
```

Begonia	**Iris**	**Peony**
Camellia	**Jasmine**	**Poppy**
Carnation	**Lily**	**Rose**
Crocus	**Magnolia**	**Saguaro**
Daisy	**Narcissus**	**Violet**

The Brightest Stars in the Sky

```
A R C T U R U S J Z D Z
L A C A N O P U S H Q B
D N F O M A L H A U T E
E T M T A L T A I R P T
B A W M I M O S A L O E
A R P Y O S I R C J L L
R E Q R U V C I S V L G
A S S I O M D G Q P U E
N V R P U C C E C E X U
T I E B I A Y L N V F S
S H C G G C Q O R E D E
Y U V S A I A T N C B F
```

Aldebaran   **Canopus**   **Procyon**

Altair   **Deneb**   **Rigel**

Antares   **Fomalhaut**   **Sirius**

Arcturus   **Mimosa**   **Spica**

Betelgeuse   **Pollux**   **Vega**

Horsing Around (Breeds)

```
P L I P I Z Z A N F R M
E B F A L A B E L L A I
R E C M H V S H I R E N
C L Q R O D G P S F J I
H G B U I N Q U E R A A
E I X F A O G A Y I R T
R A C T J R L O R E A U
O N S T M O T L L S B R
N U C W H Y R E O I I E
M T W W A T M D R A A Q
A N D A L U S I A N N N
T H O R O U G H B R E D
```

Andalusian	**Fjord**	**Mustang**
Arabian	**Friesian**	**Percheron**
Belgian	**Lipizzan**	**Quarter**
Criollo	**Miniature**	**Shire**
Falabella	**Mongolian**	**Thoroughbred**

Found in the Rainforest

```
M T A M A R I N D D G H
O G M F K P A Q G L A R
N V X D F I G X F G E M
K Q C O M A C A W T E D
E E J L T O U C A N R R
Y T A P I R S E R A A P
B A L H K G T Z Z U Y G
F I F I O N U I G B W X
R R E N A U L A N T S I
S L O T H D J B N F U B
Q J H G H W C Y I A M I
A N A C O N D A R L E S
```

Anaconda	Ibis	Monkey
Anteater	Iguana	Sloth
Ants	Jaguar	Tamarin
Dolphin	Lizard	Tapirs
Frog	Macaw	Toucan

Six-Letter Words

```
H M L Y D C S S D U L R
U T O J U F R O M A G E
M R L D V H I E U M Q D
B A S C E N D N A R W U
L G T V G S N X G T C C
E I E U A A T O A E E E
R C P I R C C O L U M N
P K C E I E A U V C A W
M O O O R J P N K J S W
M Y R R G M X A T N T B
Z E C X I A I H N L E M
H V R E S I S T N U R C
```

Annual	Humble	Reduce
Ascend	Master	Resist
Column	Mature	Source
Create	Modest	Tragic
Heroic	Permit	Vacant

Seasonings

```
R O S E M A R Y G B S U
S A L T T E N O A P A B
E Q B U T U N T R A C Q
P E I R X A G O L P I Q
E V I M G C W O I R N E
P F H E J K U D C I N P
P Y R R T H Y M E K A B
E O R I Y P A O I A M A
R A I C D B B P P N O S
C L O V E S P V X E N I
N U T M E G R Q D A I L
Z G I N G E R C U R R Y
```

Basil	**Garlic**	**Pepper**
Cinnamon	**Ginger**	**Rosemary**
Cloves	**Nutmeg**	**Salt**
Cumin	**Oregano**	**Thyme**
Curry	**Paprika**	**Turmeric**

Some Known Planets

```
N E P T U N E Y O N I G
F U F U R A N U S J X N
I O H G Z H S E H U C J
N Y L U T U P B M P H X
M R U R N V Z H A I A F
E P A E B P Y O K T R S
R E V C E R E S E E O A
C K P E F S Q L M R N T
U K U L I M A S A L E U
R Z L R U K A C K D C R
Y U E H U T O R E I L N
P N M N S R O B S L M Q
```

Ceres   **Makemake**   **Saturn**

Charon   **Mars**   **Uranus**

Earth   **Mercury**   **Venus**

Eris   **Neptune**

Jupiter   **Pluto**

All Plurals

```
W O L V E S G E Z O D A
Q Y I Z M N E U U R G V
H F E E T C E M M H L F
U A V W D E S N O J A K
C C L K O Z E A A O S N
H O B V M M B H S A S M
I S Z P E B E D G O E E
L O A V E S R N O A S B
D O A N C I M G A S F V
R X N B B F I T E E T H
E E R F H A C H N S L E
N N T W C F E B D I C E
```

Birds   Glasses   Oases

Children   Halves   Oxen

Dice   Loaves   Teeth

Feet   Mice   Wolves

Geese   Moose   Women

More Verbs

```
T R A N S L A T E E D B
R E Q U I R E H L Y I E
A V E R U P T G M L V G
I E P J N O G R K I E Z
N A K J O A O K R W E P
S L Q S H F B T W N U R
P F M G S W S U I B L E
I U O N H A W B N T C P
R F A L C F M L W G M A
E R I M X O Q Z V I L R
T D E S C E N D L K Y E
E N T E R T A I N L B Y
```

Bungle	**Haggle**	**Reveal**
Combine	**Inspire**	**Soothe**
Descend	**Limp**	**Strive**
Entertain	**Prepare**	**Transform**
Erupt	**Require**	**Translate**

More Adjectives

```
S F A J L A Z Y N F R H
C F A N C Y E G T O S I
A K X D S C Y E G I O X
R B Q L I U L N F U C F
Y A Z N U B E T E G R T
W L R K A C B L Y M E A
P D J R R A L E E J E N
U P O E Q L U C K Y P G
I D I E V M S F X F Y R
A F B A W F U L S U H Y
A M U S E D M W U H M D
J S E Y C T B V U F Y Y
```

Adorable	**Creepy**	**Lazy**
Amused	**Easy**	**Lucky**
Angry	**Fancy**	**Nice**
Awful	**Fierce**	**Scary**
Calm	**Gentle**	**Shy**

More Adverbs

```
O R F R E Q U E N T L Y
C E A U S U A L L Y V F
C G A R D X O F T E N E
A U O F E X Y M S S J V
S L E A J L O A S O G E
I A A P Y D Y L W M K N
O R N Q L L R W E E M T
N L K E R B F A E T M U
A Y S U V A W Y K I X A
L Y O W Z E X S L M R L
L H X Y E A R L Y E P L
Y N F I N A L L Y S K Y
```

Always	Never	Seldom
Eventually	Occasionally	Sometimes
Finally	Often	Usually
Frequently	Rarely	Weekly
Hourly	Regularly	Yearly

More Nouns

```
B A N Q U E T L N C C F
W T Q E Q D A B B E O R
G R A V I T Y E L I M K
Z C C M F V B A A L P V
T N V A T R D C N I U E
U M B G S L O O K N T N
R J I A N F D N E G E T
T E S Z G M O I T T R U
L F S I W G L R T I Q R
E I T N H H A I E K E E
C A M E R A K G J S T R
D I S A S T E R E K T B
```

Baggage	Ceiling	Gravity
Banquet	Computer	Kitten
Beacon	Disaster	Magazine
Blanket	Forest	Turtle
Camera	Frontier	Venture

Some Popular Boy's Names

```
C A D E N L C N M K F F
P F R W R O A Z C F F U
K S R F Y G A A L T M C
J Y Y A A A J N U G A O
Q A I M N N E M C R T N
F I C U Z D S G A K T N
P N I K Y L U A S Z H O
S H A A S D C V D H E R
D C J I M O M I S T W H
B A A Q D D N N Q R A C
E T H A N E J A C O B B
J O S H U A N T N X A W
```

Aiden	**Jack**	**Logan**
Caden	**Jackson**	**Lucas**
Connor	**Jacob**	**Matthew**
Ethan	**Jayden**	**Noah**
Gavin	**Joshua**	**Ryan**

Words with a "c" that sounds Like "s"

```
V Q C C E N T I P E D E
W C J E C T C X C C A G
Z H P C N I M J W E S T
Q F L Y H T R R M N L Y
T A A M Z Q E C L T E L
C C C B B Q D R U C C C
I E E A Z A Q Q X S E I
T T W L Z F S Q H Z L R
Y R P S A V U D P R E C
M A G P U I I F O A R L
D C M H A V C S G C Y E
C E L L A R W Y I E I X
```

Celery	Centipede	Face
Cell	Circle	Icy
Cellar	Circus	Place
Cent	City	Race
Center	Cymbal	Trace

Contains a Double "l"

```
T H R I L L D S L P T F
W Z G B G N L T H R W E
U W W D E L E L D E F V
I A R F E L H Y W C L A
W L I P L D C O P E T L
J L S I S H L A L N L
U E F B E L E Q M L K E
G T I B A L M L I A Y Y
R Z A W G I H M L R U N
I P S N U P I L L O W N
L C H I L L Y F E A T A
L W Q L L J Y F R X O O
```

Cellar	Holly	Spell
Chilly	Miller	Swallow
Fillet	Pillow	Thrill
Grill	Seagull	Valley
Hello	Shell	Wallet

Down the River

```
E C F S P A R A N A M N
I V Q L Q G Y I X O E I
Y O G G E O T M C Z K L
A L Y E N I S E I G O E
N G L R A G Y U K O N X
G A N N J C W W N Y G O
T V E Y R O C O P T N G
Z L J E L I Z O Z V A Q
E B G L W A A C N M A W
J I E J M B M Y C G E W
N Y R A B W U K M T O O
S C I G B F R V A Z O B
```

Amazon   **Niger**   **Yangtze**

Amur   **Nile**   **Yellow**

Congo   **Ob**   **Yenisei**

Lena   **Parana**   **Yukon**

Mekong   **Volga**

Name That Lake

```
T S U P E R I O R V W H
A M I C H I G A N O N A
N S J B H U R O N U I G
G V O S T O K F E R E P
A E V N L H K D O P B T
N I R Q J A Z T I O A I
Y O Y I T B C N B N L T
I J X L E I N E C E K I
K J O L V I M Y Z G H C
A V U Q W S F R P A A A
O N T A R I O E N L S C
B A N G W E U L U P H A
```

Balkhash	**Michigan**	**Titicaca**
Bangweulu	**Onega**	**Victoria**
Erie	**Ontario**	**Volta**
Eyre	**Superior**	**Vostok**
Huron	**Tanganyika**	**Winnipeg**

Using Your Senses

```
T Z H S W E E T I P K W
M A A B D C R V Y A H B
L N R T L R F D A O Y Z
S P D L C C O N G J P T
E O U M V Q P U J Z R L
S D F K Y H B U G Z I K
O O A T C T G D V H C B
U D L W H S U R Z I K I
R A C G D O K A L S L T
S C I L L R G S B L Y T
G R O G A C P Q E D O E
B C O D S M O O T H M R
```

Bitter	**Hard**	**Slick**
Bright	**Loud**	**Smooth**
Cold	**Prickly**	**Soft**
Dark	**Rough**	**Sour**
Dull	**Salty**	**Sweet**

Fun and Games

```
C R E L Q W O C A R D S
H J U M P R O P E W X O
E D N N Q Q G Q C B J G
S Q R D N G X I H A K R
S T P A N I Q A E S D J
D R H I C S N Y C E A W
V V D O I I T G K B N Z
B I U N B T N P E A C G
R D N L U I Z G R L I O
Q E P U Z Z L E S L N L
T O Y S O C C E R J G F
F O O T B A L L C D T T
```

Baseball	**Football**	**Riding**
Cards	**Golf**	**Running**
Checkers	**Jump rope**	**Soccer**
Chess	**Puzzles**	**Tennis**
Dancing	**Racing**	**Video**

Four-Letter Words

```
P C T V W M T C E X U C
A H U O S I N Y H S J V
W A O D U C N M S C E A
P L P S A R M K O W L S
E H Q O T I W G L A U T
E A S E S S H V O R C V
R Z F E D T E P I I K I
B Y G X U R L T D D H S
A U A S P U J K P E A R
A O E O Y U N T B W H E
C T C L J I Z Q D U G P
B D S E W G H A I L O U
```

Arid	Host	Sole
Coax	Luck	Solo
Ease	Pear	Tour
Hail	Peer	Vast
Hazy	Post	Wink

Body Language (About the Body)

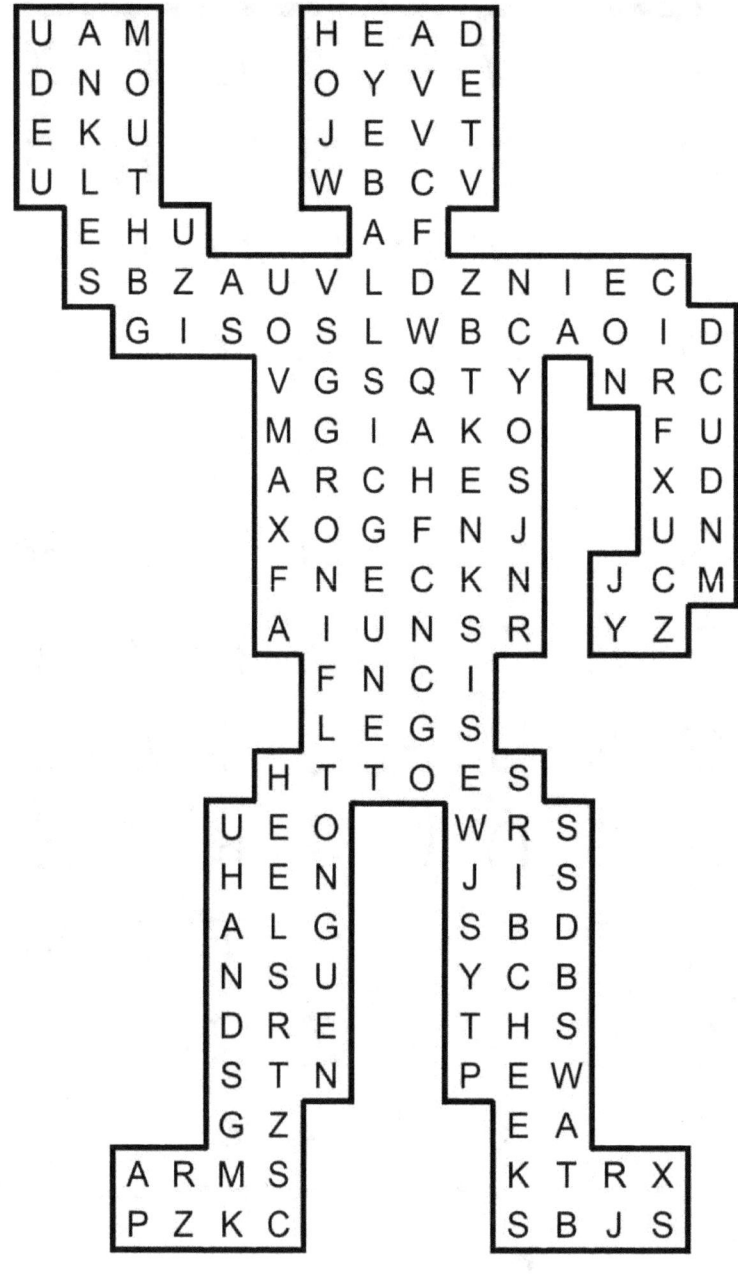

Ankles	Ears	Head	Neck
Arches	Eyeballs	Heels	Toes
Arms	Fingers	Legs	Tongue
Cheeks	Hands	Mouth	

Our Beautiful Planet

Animals	Flowers	Mountains	Seasons
Beaches	Forests	Oceans	Trees
Canyons	Jungles	Plants	Valleys
Deserts	Lakes	Rivers	

Vocabulary Challenge

```
O N S E T C I T B K K U
B G E A I E P G H W F Y
J M U L L E R U N Z D A
E I N D N V L R R I E G
C M R I O Z A D A C T L
T I U H W B U G N I A E
I C L S Z E S E E I N G
V X Y I U S U T D P I M
E G C Q D L T R A I T G
R S I U F I O V G C H C
A N P N X C O Z I P L M
U E I H O A X M C L F E
```

Cordial   **Influence**   **Salvage**

Hoax   **Mimic**   **Terrain**

Idiom   **Objective**   **Trait**

Ignite   **Obstacle**   **Unique**

Inept   **Onset**   **Unruly**

4th Grade Vocabulary Challenge

Calculate	Disclose	Prefer
Century	Distract	Queasy
Complete	Fragile	Surface
Confuse	Increase	Terror
Crafty	Noble	

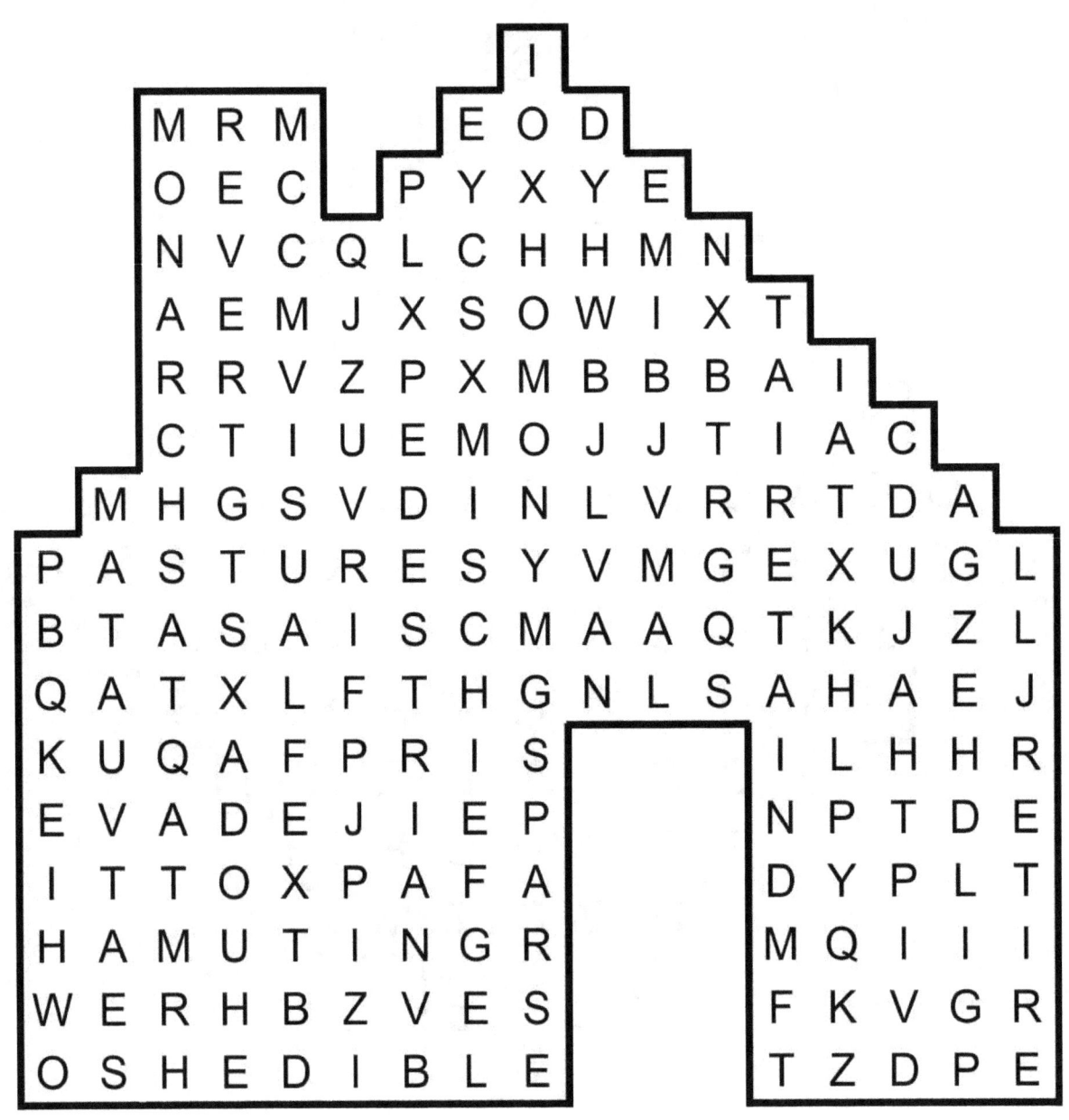

5th Grade Vocabulary Challenge

Edible
Evade
Exhibit
Homonym
Identical

Mischief
Monarch
Myth
Pasture
Pedestrian

Retain
Retire
Revert
Sparse
Visual

6th Grade Vocabulary Challenge

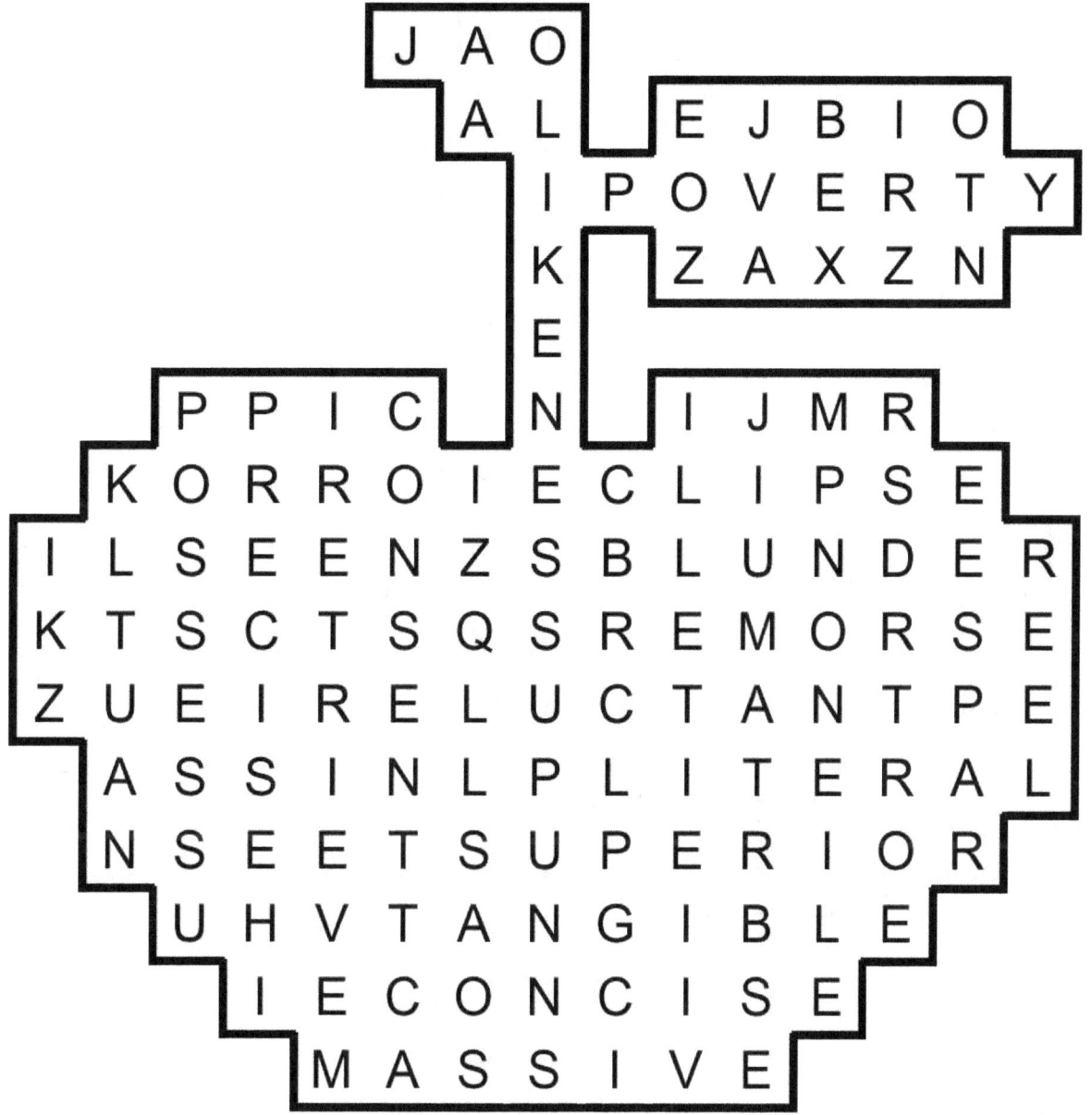

Blunder	Literal	Reluctant
Concise	Massive	Remorse
Consent	Possess	Retrieve
Eclipse	Poverty	Superior
Likeness	Precise	Tangible

7th Grade Vocabulary Challenge

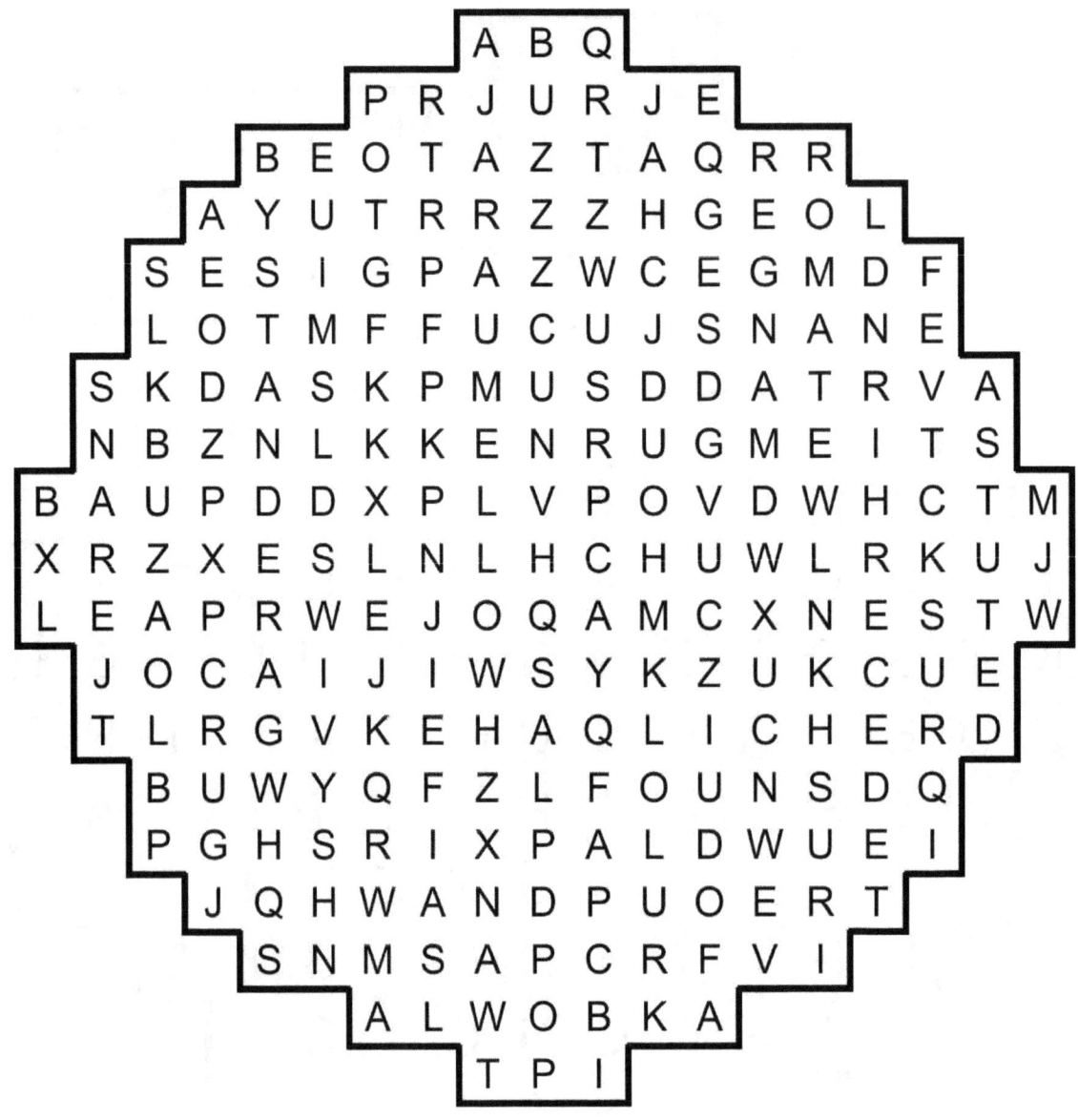

Ajar	Brawl	Lurk
Akin	Browse	Mellow
Astute	Bystander	Pluck
Authentic	Erode	Recede
Braggart	Feud	Snare

8TH Grade Vocabulary Challenge

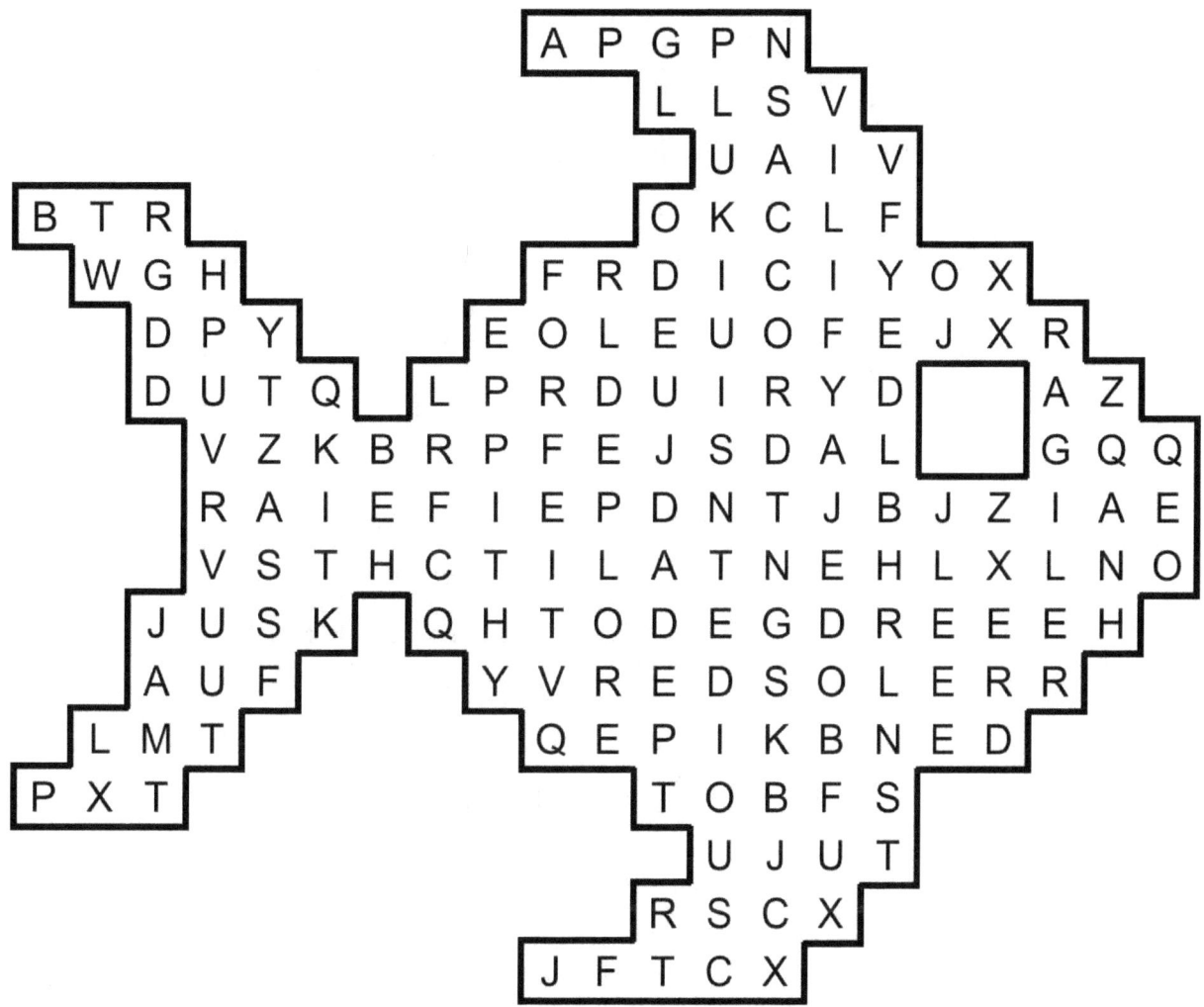

Accord	Flustered	Porous
Adept	Forfeit	Rubble
Agile	Muster	Serene
Deplore	Pithy	Tedious
Durable	Plausible	Vilify

Advanced Vocabulary Challenges

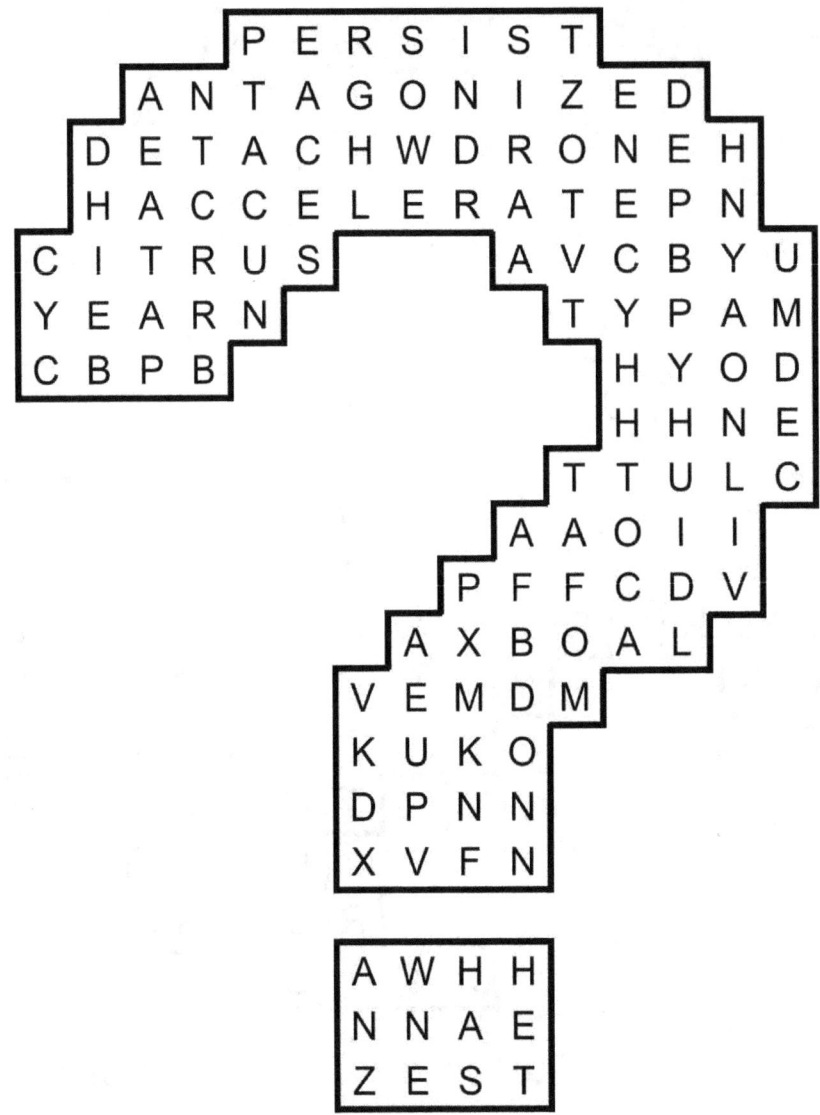

Accelerate	Docile	Persist
Antagonize	Drone	Wrath
Apathy	Dumbfound	Yearn
Citrus	Fathom	Zest
Detach	Nomadic	

Jenny's Challenge

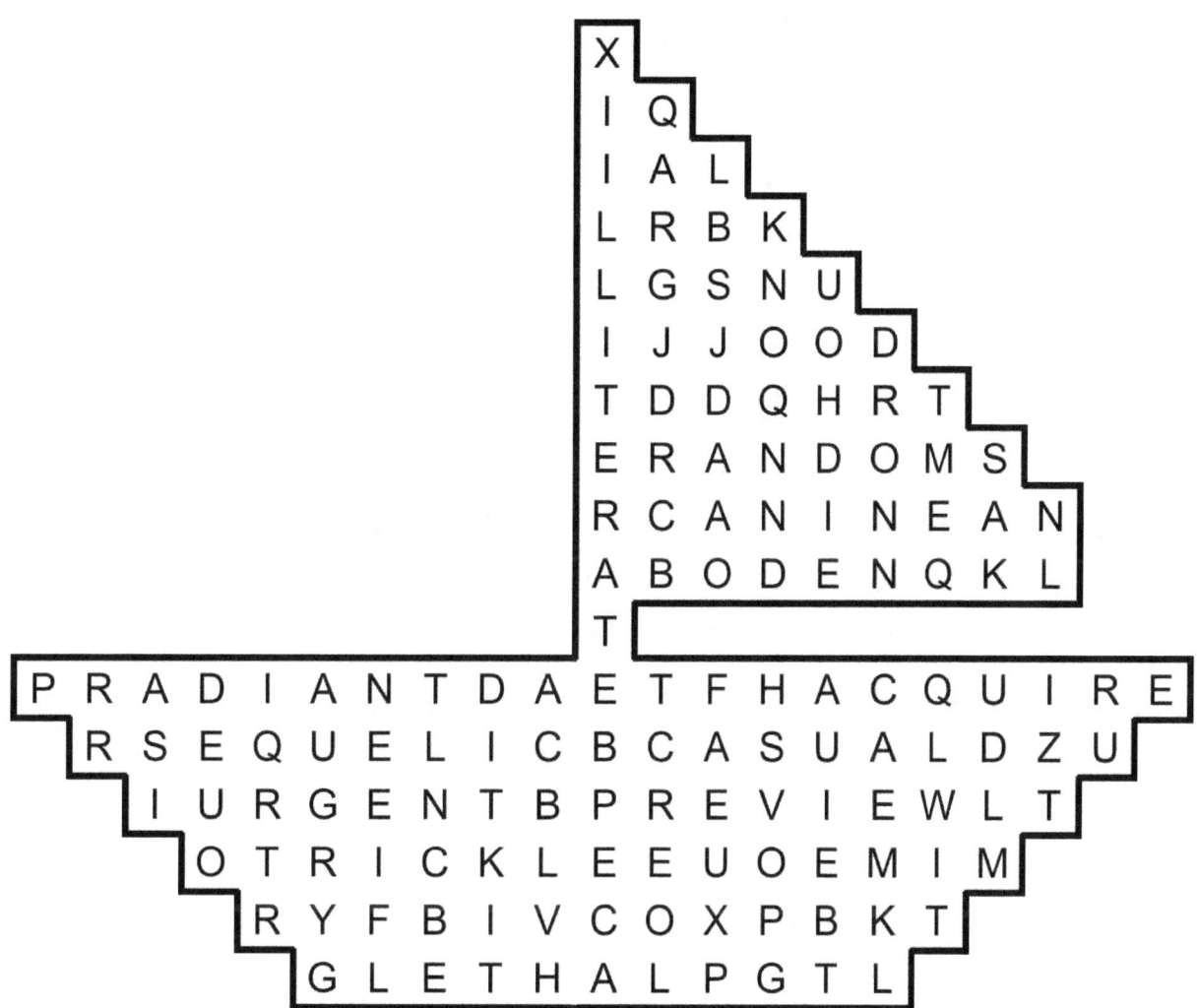

Abnormal	Casual	Radiant
Abode	Illiterate	Random
Abrupt	Lethal	Sequel
Acquire	Preview	Trickle
Canine	Prior	Urgent

Puzzler's Challenge

```
            S W E L T E R
            F G L U P G X
            Z D P C E P S
            Q I S R R Z C
            H U H A M N Y
            O F U T A L I
A D M O N I S H N I N D S A S Y B U G
G I U P C W U Q T V E J I U R A R N Q
W G L A H N W J H E N Y O A Y G I Q S
S P R I N K L E H H T I N R L D N L Z
E O L U M I N O U S R E O P N E X G S
V P I H Q T L X P A C T P E Z V C Y F
Z P Q I S A S R L R A P P I Q L O T K
            I I E D P R M
            H M E V O I Y
            H R X V N Z B
            P J A I D D M
            D L M I E T D
            F Q U A R B O
```

Admonish	**Luminous**	**Ponder**
Dialect	**Mercenary**	**Predatory**
Flavor	**Minimize**	**Sprinkle**
Hilarious	**Pending**	**Swelter**
Lucrative	**Permanent**	**Voracious**

Impossible Word Search?

Anarchy	Desolate	Memoir
Authority	Eccentric	Proficient
Bizarre	Exemplify	Sublime
Concept	Gingerly	Tycoon
Decree	Gullible	Wrangle

SOLUTIONS

At the Dog Show

Words Containing "sc"

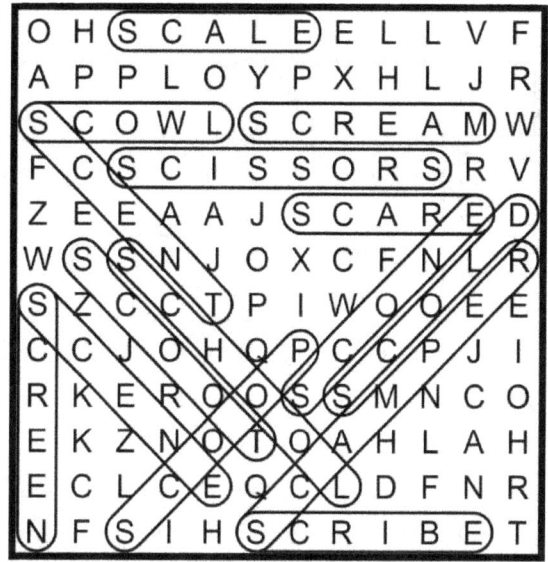

Sea Creatures

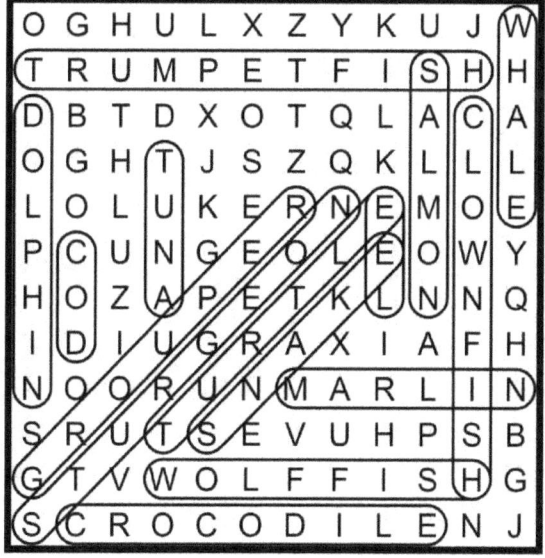

Languages Across the Globe

Rhymes with "Fluff"

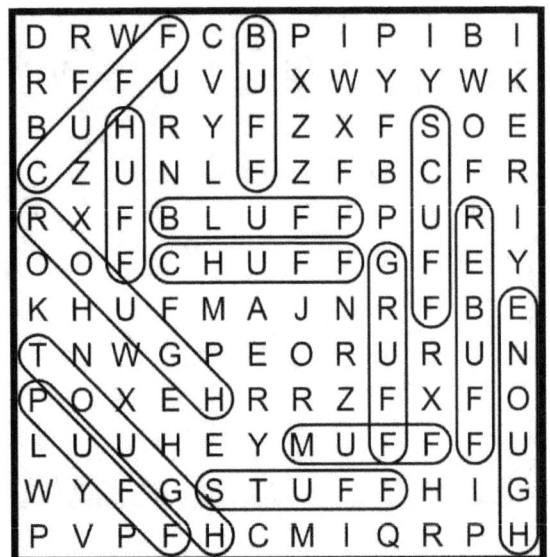

In the Past Tense

Mythological Gods

Words Containing "gh"

Our Feathered Friends

Verbs

Adjectives

Words Containing "ow"

Adverbs

Words Containing "sh"

Prepositions

Proper Nouns

Mammals

Weights and Measures

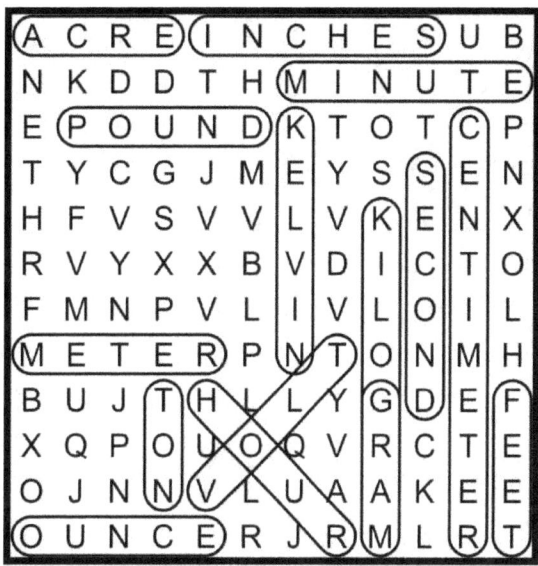

Cat Breeds

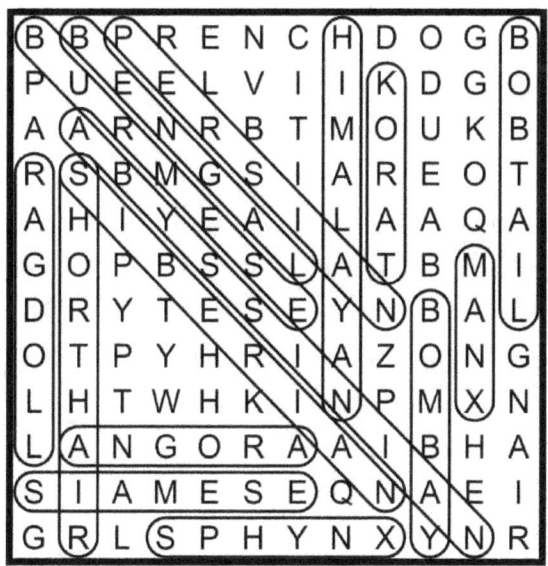

Countries

Some Smaller Countries

A Capital Idea

4th Grade Vocabulary

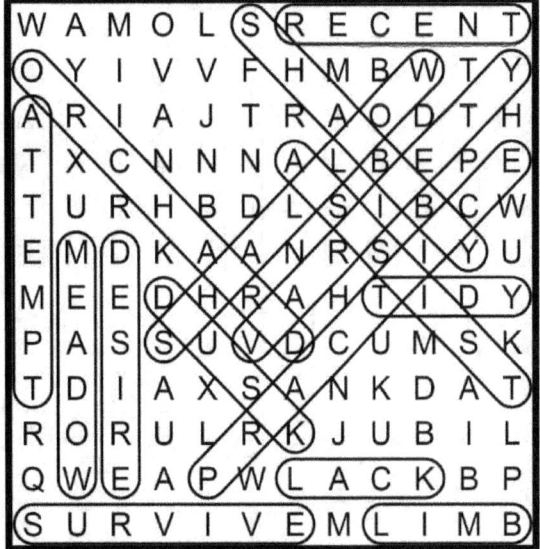

5th Grade Vocabulary

6th Grade Vocabulary

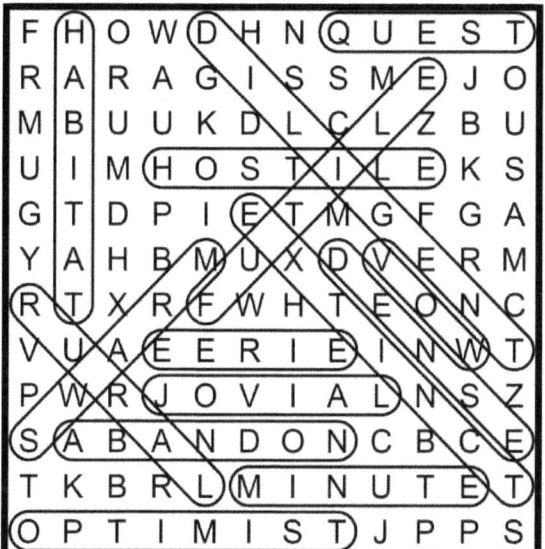

7th Grade Vocabulary

8th Grade Vocabulary

Popular Cat Names

Popular Dog Names

Early Presidents

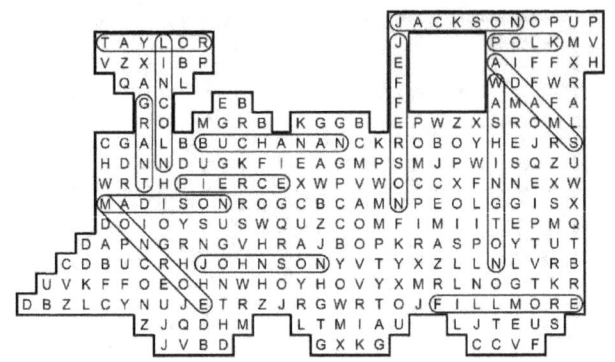

Ends in "Y"

Five-letter Words

Classical Composers

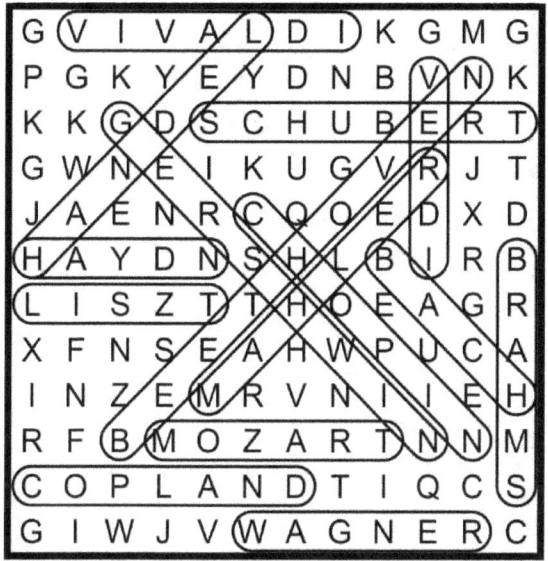

Famous Dogs

Famous Cats

Some Girl's Names

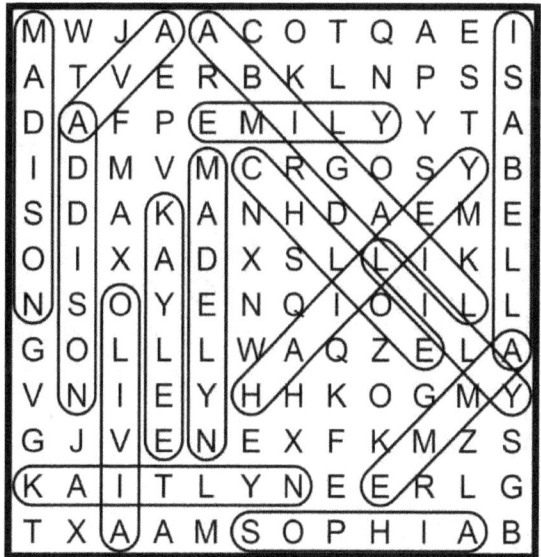

Jewels and Gems

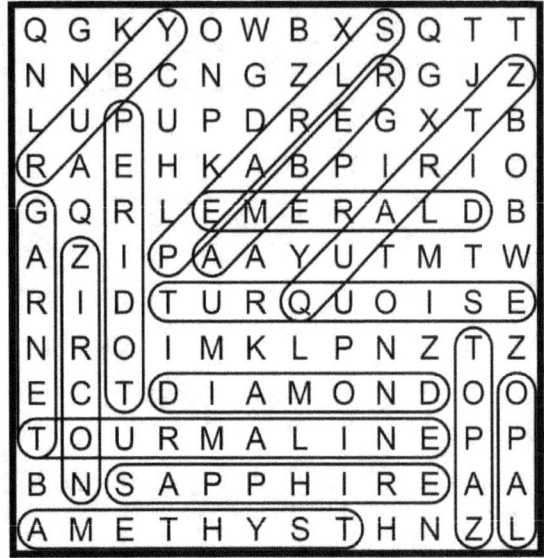

The Weather Report

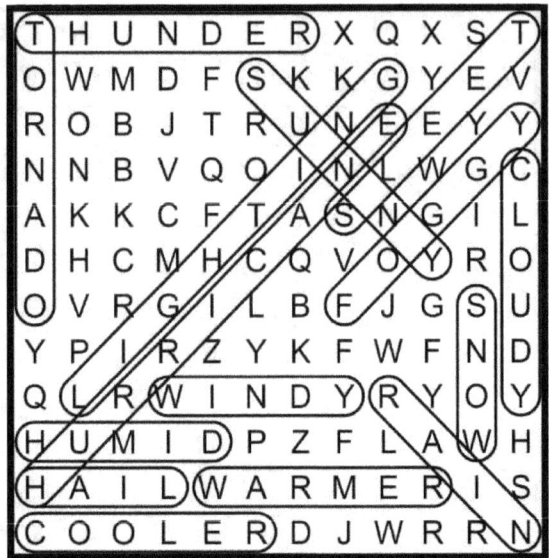

In a Flower Garden

The Brightest Stars in the Sky

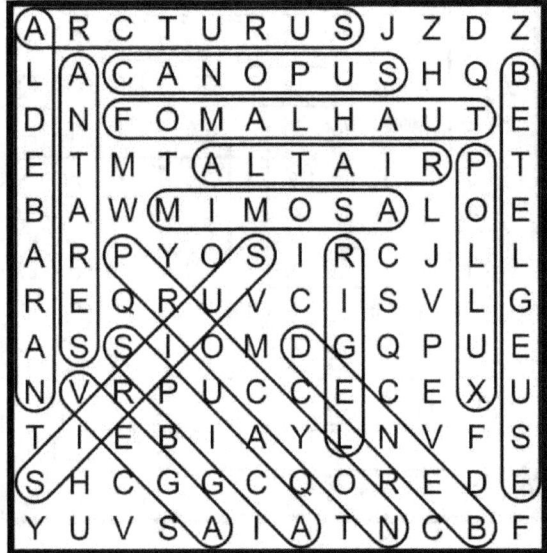

Horsing Around (Breeds)

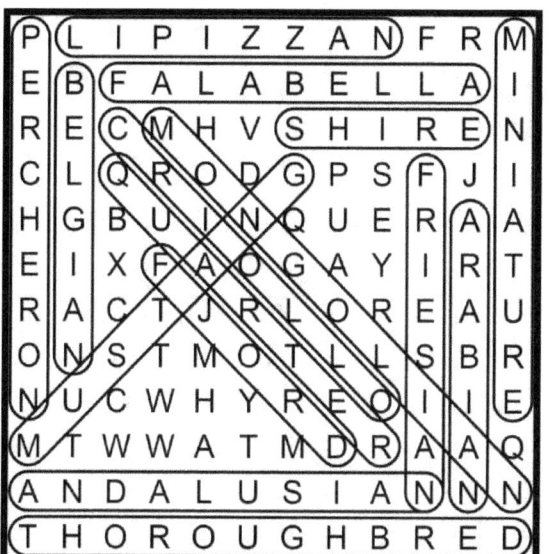

Found in the Rainforest

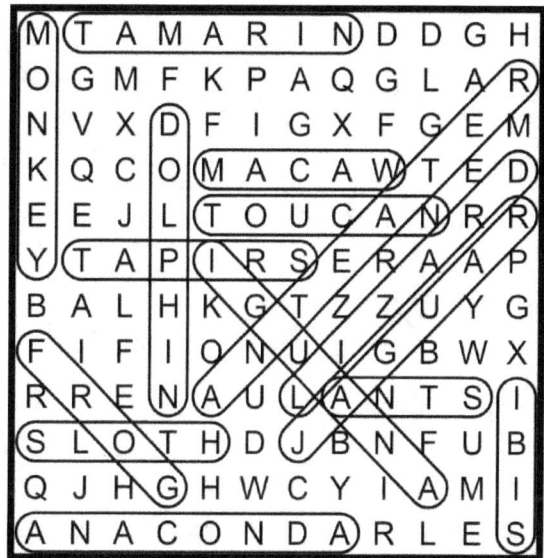

Six-Letter Words

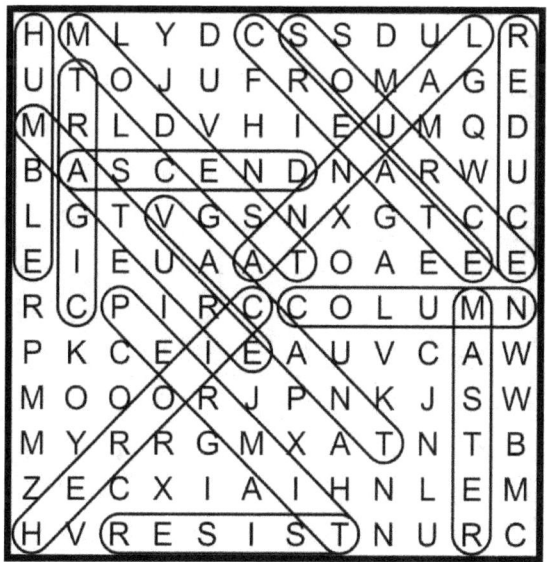

Seasonings

Some Known Planets

All Plurals

More Verbs

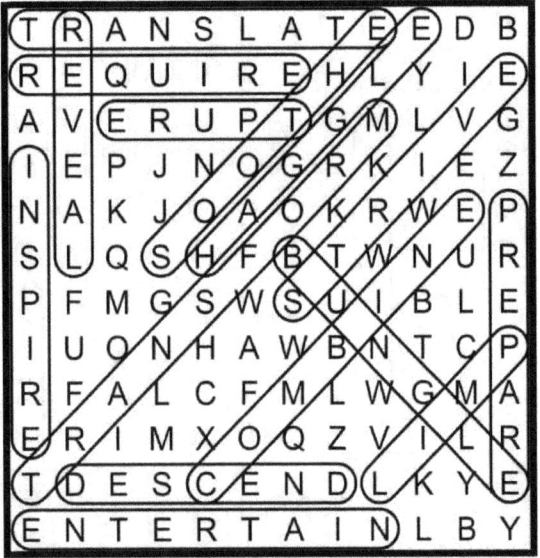

More Adjectives

More Adverbs

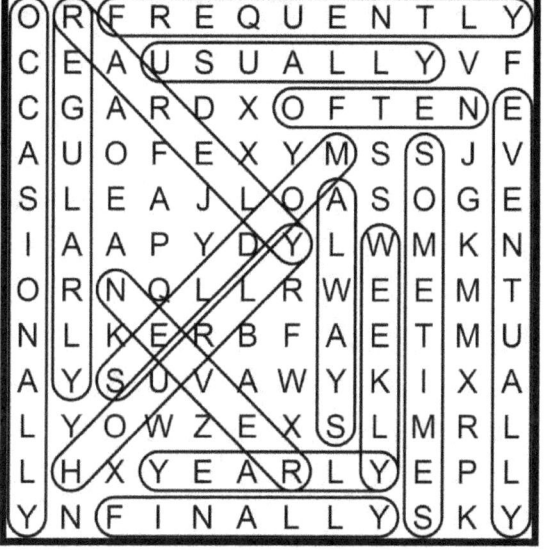

More Nouns

Some Boy's Names

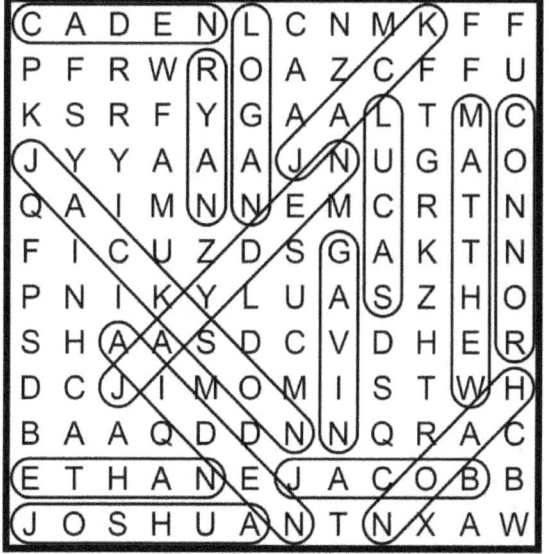

"C" that sounds Like "S"

Contains a Double "t"

Down the River

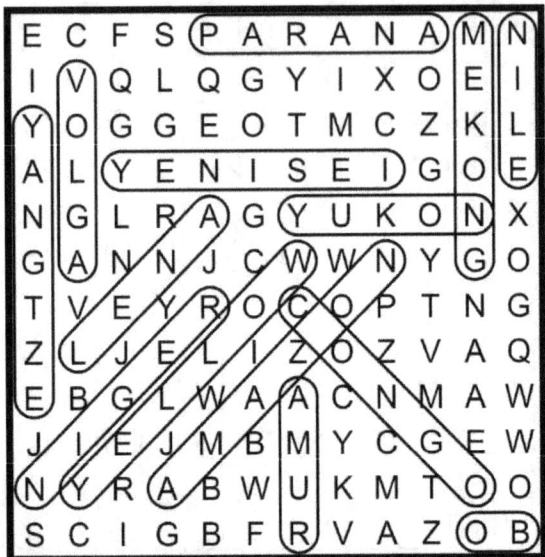

Name That Lake

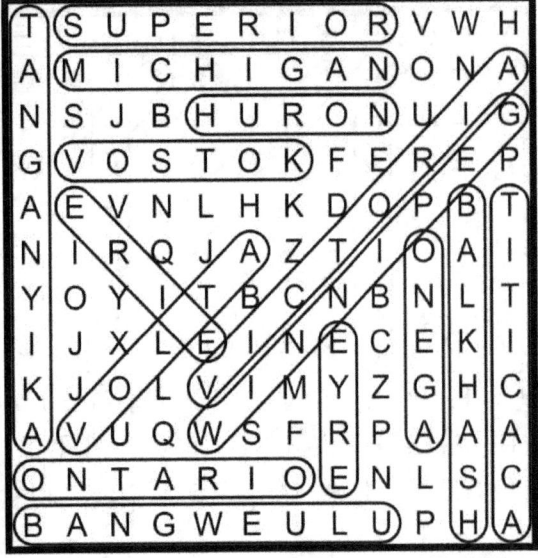

Using Your Senses

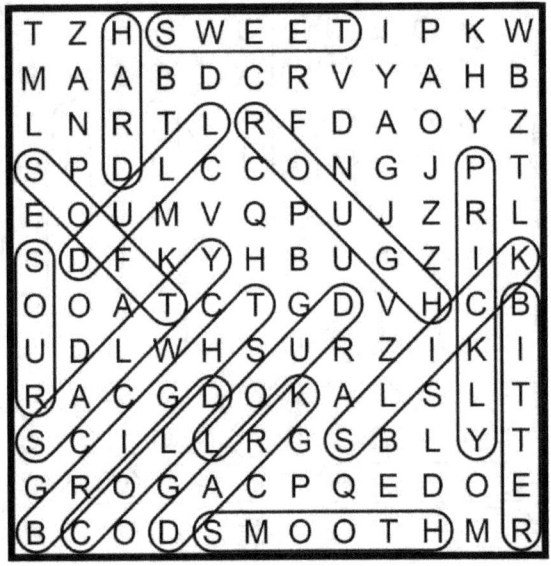

Fun and Games

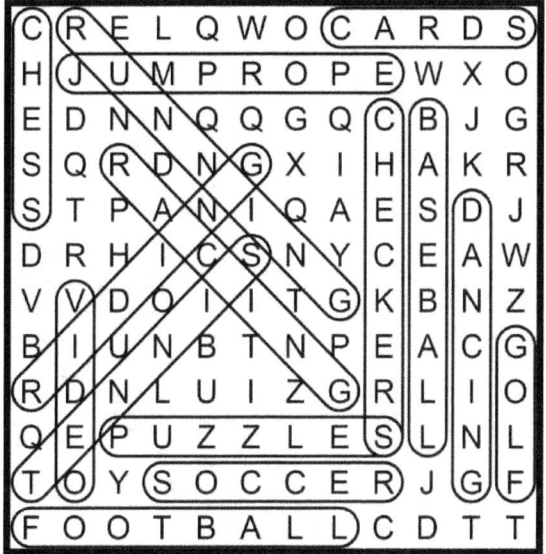

Four-Letter Words

Body Language

Our Beautiful Planet

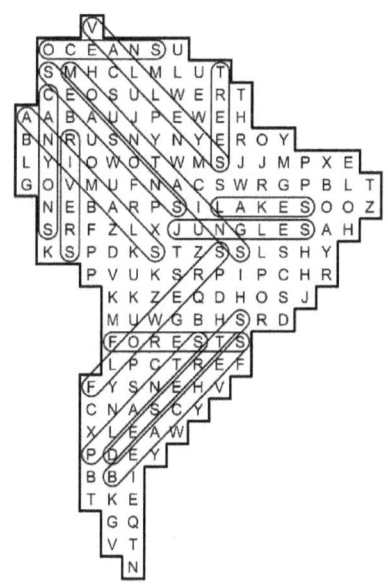

Vocabulary Challenge

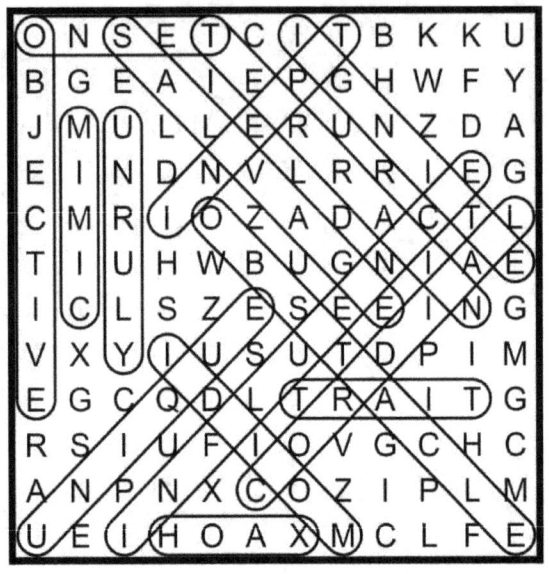

4th Grade Vocabulary Challenge

5th Grade Vocabulary Challenge

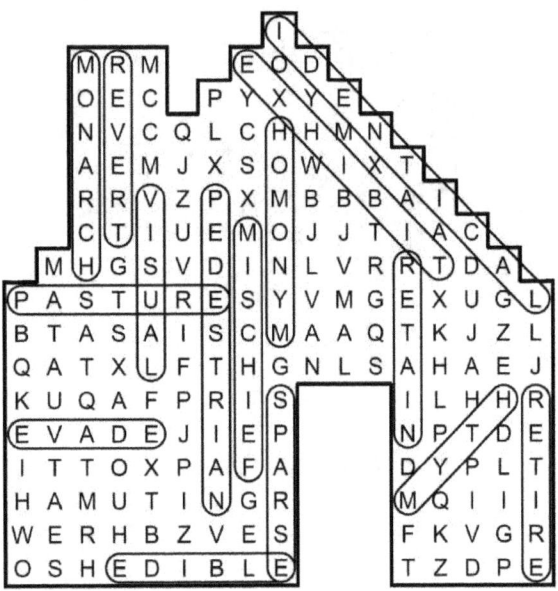

6th Grade Vocabulary Challenge

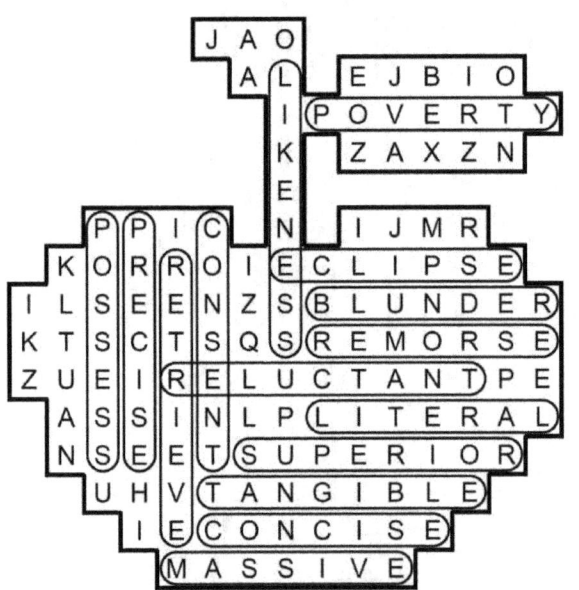

7th Grade Vocabulary Challenge

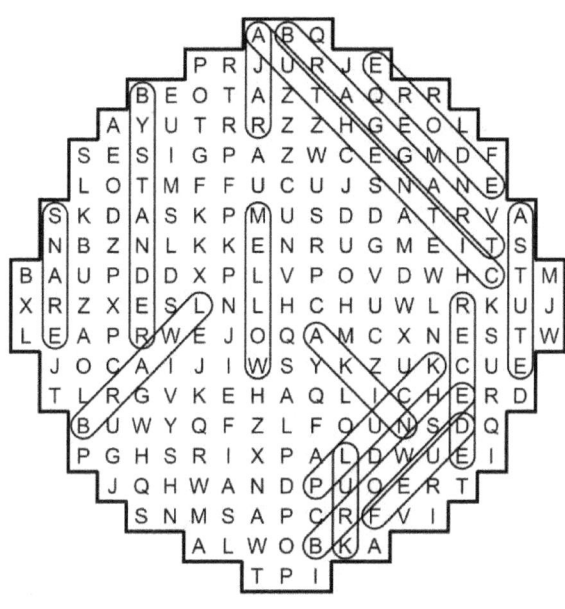

8th Grade Vocabulary Challenge

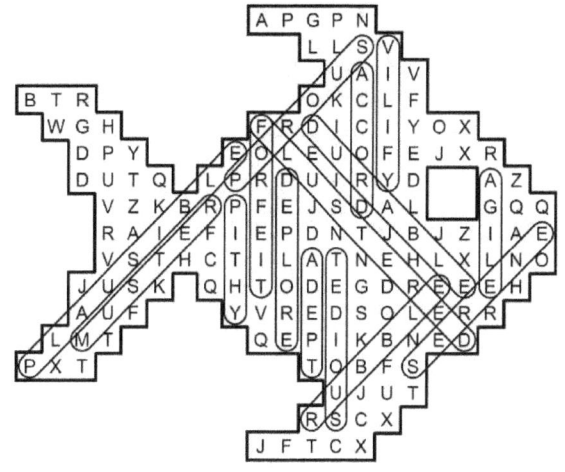

Advanced Vocabulary

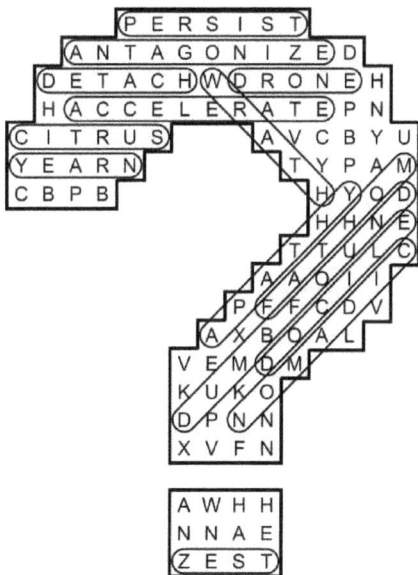

Jenny's Challenge

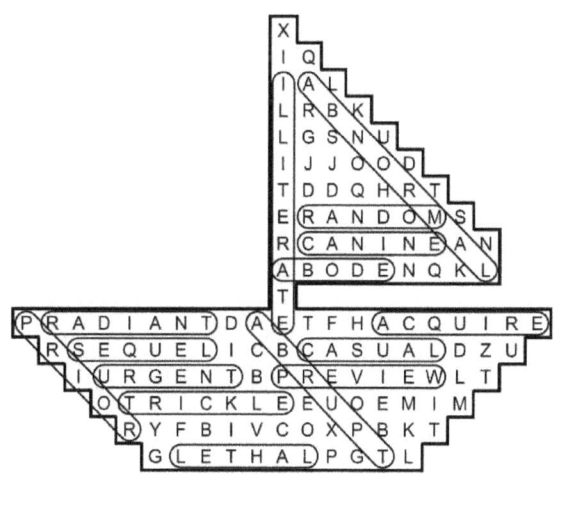

Puzzler's Challenge

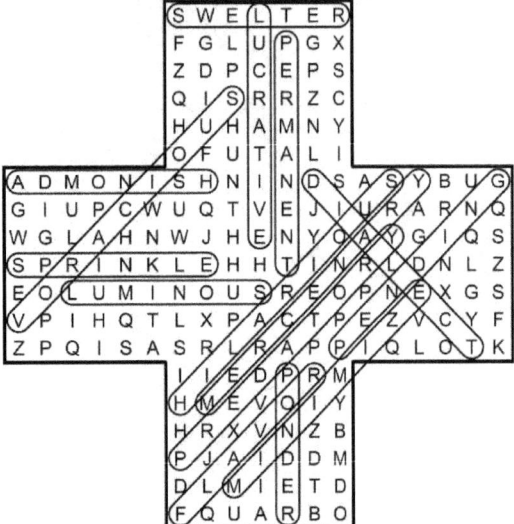

Impossible Word Search?

RECOMMENDED FOR YOU BY THE EDITORS AT OLD TOWN PUBLISHING

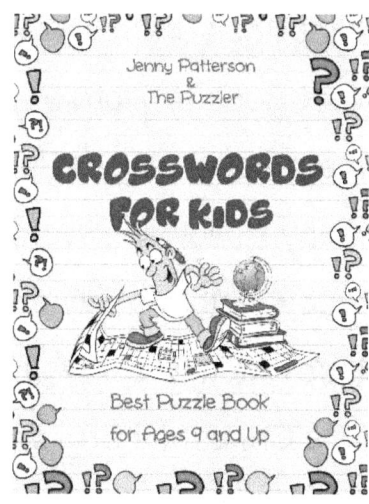

Available from Old Town Publishing

102 Large-Type Word Search Puzzles

A Kid's Christmas Word Search

A Year of Sudoku

A Century of Word Search

Adult Coloring Book – Animals

Agatha Christie Word Search

Brain Exercises for Seniors

Christmas Word Search Large-Print Puzzles

Crossword Puzzles for Kids Ages 6 - 8

Crosswords for Kids – Best Puzzle Book for Ages 8 and Up

Crosswords for Kids – Best Puzzle Book for Ages 9 and Up

Discover America – Word Search Puzzles for the 50 States

Easy-to-Read Crossword Puzzles for Adults

Everybody Loves Sudoku

Father's Day Puzzle Book

Giant Book of Crosswords for Kids

Giant Book of Word Puzzles for Kids

Happy Easter Word Puzzles

Happy Halloween Word Puzzles

Happy Mother's Day Jumbles

Happy Mother's Day Jumbles #2

Kid's Christmas Crosswords

Kid's Crossword Puzzle Book

Kid's Word Search Puzzle Book

Mad Words – Silly Fill-In Stories

Mad Words – My Weird Family

Mad Words – Summertime Fun

Mad Words – History of the World Part 1 1/2

Medium Crossword Puzzles for Adults – Large Print

My First 200 Sight Words

My Word Search Puzzle Book – Ages 7 and Up

Official Word Search Puzzle Book of the 1950s

Official Word Search Puzzle Book of the 1960s

Official Word Search Puzzle Book of the 1970s

Official Word Search Puzzle Book of the 1980s

Official Word Search Puzzle Book of the 1990s

Sudoku for Kids

The Best Kids Joke Book Ever

Variety Word Puzzles

Wonderful Coloring and Writing Book

Word Jumbles for a Brighter Future

Word Jumbles Just for Women (Volume 1)

Word Jumbles Just for Women (Volume 2)

Word Puzzles for Cat Lovers

Word Puzzles for Dog Lovers

Word Puzzles for Early Readers

Word Puzzles for Mystery Lovers

Word Search Puzzles and More

Word Search Puzzles for Kids Ages 6 and Up

Word Search Puzzles for Kids Ages 8 and Up

Word Search Puzzles for Kids Ages 9 and Up

Word Search Puzzles Just for Women (Volume 1)

Word Search Puzzles Just for Women (Volume 2)

Also, from Old Town Publishing

The "Unofficial" Series by Miranda Powell

The Unofficial *Friends* Word Puzzle Book

The Second Unofficial *Friends* Word Puzzle Book

The Unofficial *Friends* Crossword Puzzle Book

The Unofficial *Downton Abbey* Word Puzzle Book

The Unofficial *The Office* Word Puzzle Book

The Unofficial *The Office* Crossword Puzzle Book

The Unofficial *British Baking Show* Word Puzzle Book

The Unofficial *Seinfeld* Word Puzzle Book

The Unofficial *Seinfeld* Crossword Puzzle Book

Find more great puzzle books and Mad Words at:
http://OldTownPublishing.com

www.ingramcontent.com/pod-product-compliance
Lightning Source LLC
LaVergne TN
LVHW081547070526
838199LV00061B/4248